Grundriß
des gesamten
deutschen Rechtes
in Einzelausgaben
von
Paul Posener.

22. Band.

Landwirtschaftsrecht.

Berlin 1904.
J. Guttentag, Verlagsbuchhandlung,
G. m. b. H.

Inhaltsverzeichnis.

1. Kapitel.

Die landwirtschaftlichen Güter.

1. Abschnitt.

Das nichtbäuerliche Grundeigen.

§ 1. Lehen und Allod.

Gemäß Artikel 59 des Einführungsges. z. Bürgerl. Gesetzb. bleiben die landesgesetzlichen Vorschriften über Lehen, allodifizierte Lehen und Stammgüter **unberührt.**

Artikel 40 der preuß. Verfassung: „Die Errichtung von Lehen ist **untersagt.** Der in bezug auf die vorhandenen Lehen noch bestehende Lehnsverband soll durch gesetzliche Anordnung aufgelöst werden.“ Dagegen **bestehen** noch:

a) **Thronlehen,** nämlich Sagan, Öls, Troppau, Jägerndorf, Krotoschin, sowie die Lehen der Mediatisierten, nämlich Solms, Stolberg, Wied, Wittgenstein;

b) **feuda extra curtem,** bei denen der Lehnsherr nicht zugleich Gebietsherr ist.

Preuß. Allgem. Landrecht I 18 §§ 13 bis 679: **vom Lehne.**

Lehen ist ein dem Vasallen zustehendes, nach bestimmter Sukzessionsordnung, ex pacto et providentia majorum, sich vererbendes Nutzungsrecht an einem im Obereigentume des Lehnsherrn stehenden Grundstücke.

Vgl. Grundriß 3, 12.

Allodifikation der Lehen ist die Beseitigung des dominium directum des Lehnsherrn dergestalt, daß der Vasall Eigentum des Lehen erlangt. Für das allodifizierte Lehen hat nur noch die Sukzessionsordnung gewisse Bedeutung.

Preußische Gesetze über Allodifikation der Lehen:

a) das **Obereigentum** des Lehnsherrn wird bei allen innerhalb des Staates belegenen Lehen, mit Ausnahme der

Thronlehen, **aufgehoben**; (Ges. vom 2. März 1850, § 2). Nur die aus dem Obereigentum entspringenden Rechte auf Abgaben, Leistungen und ausdrücklich vorbehaltene Nutzungen bleiben, sofern sie nicht besonders beseitigt werden, bestehen.

b) das Gesetz vom 5. Juni 1852, das dem Art. 40 der preuß. Verfassung die w. o. angeführte Fassung gab.

c) besondere Gesetze für die einzelnen Provinzen.

Stammgut ist ein durch Gesetz oder Privileg als solches bezeichnetes Gut, das unveräußerlich ist und in der Familie nach bestimmter Erbfolgeordnung sich vererbt.

Revenuenhypothek: ein Lehen, Stammgut 2c. kann in der Weise belastet werden, daß der Gläubiger Befriedigung aus dem Grundstücke lediglich im Wege der Zwangsverwaltung suchen kann.

Schutz des guten Glaubens: Erwerbsbeschränkungen sind dem redlichen Erwerber gegenüber nur wirksam, wenn eine solche Beschränkung im Grundbuche eingetragen oder dem Erwerber bekannt war.

§ 2. Fideikommisse.

Familienfideikommiß ist ein als unveräußerlich bestimmtes Grundstück (oder Kapital), das in der Familie — nach (gewöhnlich) besonders festgesetzter Erbfolgeordnung — sich vererbt.

Für Familienfideikommiß gelten dieselben **Vorbehalte** wie für Lehen, vgl. w. o. § 1.

Nach A. L. R. II 4 §§ 47 ff. kann **Gegenstand eines Familienfideikommisses** sein:

a) ein **Landgut**, das nach einem landüblichen Wirtschaftsanschlage einen Reinertrag von wenigstens 7500 Mark gewährt,

b) ein **Kapital** von 30000 Mark (Geldfideikommiß).

Familienstiftung ist eine Stiftung, die nach der Stiftungsurkunde ausschließlich dem Interesse der Mitglieder einer bestimmten Familie oder mehrerer bestimmter Familien dient; preuß. Ausführungsgesetz zum Bürgerl. Gesetzb. vom 20. September 1899, Artikel I.

Beim Familienfideikommisse: **dingliche** Berechtigung der Genießer; — bei der Familienstiftung: **obligatorische** Berechtigung.

§ 3. Domänen.

Domäne im weiteren Sinne ist der Inbegriff der dem Staate zustehenden Vermögensstücke und Rechte.

Domäne in engerem Sinne ist ein dem Staate gehörendes landwirtschaftliches Gut.

Domänen stehen nach A. L. R. II 14 § 11 im **Eigentume** des Staates und in ausschließender **Benutzung** des Staatsoberhauptes.

Durch Edikt vom 13. August 1713 hat Friedrich Wilhelm I. die **Unveräußerlichkeit** der Domänen angeordnet.

Edikt und Hausgesetz über die **Veräußerlichkeit der königlichen Domänen** vom 17. Dezember 1808 nebst Publikandum vom 6. November 1809 ordnet bezüglich der Domänen, deren Ertrag zu den öffentlichen Ausgaben bestimmt ist, an: es können jederzeit nur die Bedürfnisse des Staates und die Anwendung einer verständigen Staatswirtschaft darüber entscheiden, ob ihre Veräußerung, es sei mittelst Verkaufs an Privateigentümer oder Erbverpachtung oder mittelst eines anderen Titels, für das gemeinsame Wohl und für das Interesse des königlichen Hauses notwendig oder vorteilhaft sei.

Durch Verordnung wegen der künftigen Behandlung des gesamten **Staatsschuldenwesens** vom 17. Januar 1820 wird bestimmt:

a) **Verpfändung** des gesamten Staatsvermögens, insbesondere der sämtlichen Domänen, Forsten und säkularisierten Güter als Sicherheit für die Staatsschulden;

b) Einsetzung einer „Hauptverwaltung der Staatsschulden";

c) Bestellung einer Rente von 2500000 Talern für den **Kronfideikommißfonds** aus den Domänen und Forsten, (bestätigt durch Art. 59 der preuß. Verfassung). Diese Rente ist durch Gesetz, betr. die Erhöhung der Krondotation, vom 30. April 1859 um 500000 Taler erhöht worden. Durch Gesetz, betr. die Erhöhung der Krondotation, vom 27. Januar 1868 ist die Rente um weitere eine Million Taler erhöht worden. Eine weitere Erhöhung um 3500000 Mark ist durch Gesetz vom 20. Februar 1889 erfolgt; insgesamt jetzige **Zivilliste:**

15 719 296 Mark. Hiervon werden der Unterhalt des königlichen Hauses nebst Apanagen sowie die Bedürfnisse der königlichen Schlösser, Anlagen, Institute rc. bestritten.

Veräußerung von Domänen erfolgt mit königlicher Genehmigung und durch Genehmigung des Ministers für Landwirtschaft.

Verwaltung der Domänen ist dem Ministerium für Landwirtschaft unterstellt. Domänengüter werden gewöhnlich auf 18 Jahre (vom 1. Juli an) verpachtet.

§ 4. Rittergüter.

Nach A. L. R. II 9 §§ 34 ff. durften adlige oder Rittergüter nicht von Nichtadligen erworben werden. Durch preuß. Edikt vom 9. Oktober 1807 ist für Preußen diese Beschränkung beseitigt; durch Bundesgesetz vom 1. November 1867 für den norddeutschen Bund (und für das Deutsche Reich) kann Eigentum an jeder Art von Grund und Boden von jedermann frei erworben werden.

Nicht mehr bestehende Vorrechte und Pflichten der Rittergüter:

a) **Patrimonialgerichtsbarkeit**, beseitigt durch preuß. Verordnung vom 2. Jan. 1849;
b) **Polizeigewalt**, abgeschafft durch preuß. Kreisordnung vom 13. Dezember 1872;
c) **eximierter Gerichtsstand** (vor den Obergerichten) der Schriftsässigen (Inhaber von Rittergütern), beseitigt durch preuß. Verordnung vom 2. Jan. 1849;
d) **Jagdrecht** auf benachbarten Bauerngütern, abgeschafft durch preuß. Ges. vom 31. Oktober 1848;
e) **Leistung des Homagialeides** vor dem Erwerbe eines Rittergutes, beseitigt durch preuß. Ges. vom 28. Mai 1874.

Bestehende Vorrechte der Rittergüter:

a) **Präsentationsrecht zum Herrenhause** steht nach der V. wegen Bildung der ersten Kammer vom 12. Oktober 1854 zu: dem für jede Provinz zu bildenden Verbande der darin mit Rittergütern angesessenen Grafen;
b) Rittergutsbesitzer bilden nach der Kreisord. vom 20. Dezem. 1828 in der Provinz Posen den einen der 3 **Kreisstände** (Rittergutsbesitzer, Städte, Landgemeinden) und haben auf dem Kreistage Virilstimmen;

c) Rittergutsbesitzer nehmen am **Provinziallandtage** in Posen als einer der 3 Stände teil;
d) Pfandbriefanstalten für die Verbände der Rittergüter (Ritterschaften).

2. Abschnitt.

Das bäuerliche Grundeigen.

§ 5. Geschichtliche Entwickelung.

1719 Abschaffung der **Leibeigenschaft** auf den Domänen durch Friedrich Wilhelm I.

1749 verbietet Friedrich II. das **Legen der Bauernhöfe**, d. i. das Einziehen bloß bittweise verliehener lassitischer Güter durch den Grundherrn.

Edikt, den erleichterten Besitz und den freien Gebrauch des Grundeigentums sowie die persönlichen Verhältnisse der Landbewohner betreffend, vom 9. Oktober 1807, bestimmt insbesondere:

a) jeder Einwohner der preußischen Staaten ist **zum Grunderwerbe** ohne Rücksicht auf Standesunterschiede **befugt**;
b) nach dem 9. Oktober 1807 darf ein **Untertänigkeitsverhältnis nicht mehr entstehen**, weder durch Geburt, noch durch Heirat, noch durch Übernahme einer untertänigen Stelle noch durch Vertrag;
c) **Beseitigung der bestehenden Erbuntertänigkeit** der Bauern und deren Familien mit dem 9. Oktober 1807;
d) **mit dem Martinitage** 1810 **hört alle Gutsuntertänigkeit auf.**

(Über Martini vgl. Grundriß **20**, 21).

Edikt zur Beförderung der Landkultur vom 14. September 1811: jeder Eigentümer kann sein Gut oder seinen Hof durch Ankauf oder Verkauf oder sonst auf rechtliche Weise willkürlich vergrößern oder verkleinern; **Regulierungsfähigkeit** der lassitischen Güter und Abfindung des Gutsherrn.

Deklaration vom 29. Mai 1816 beschränkt die Regulierungsfähigkeit auf bäuerliche Stellen, welche:

a) ihrer Hauptbestimmung nach den Inhaber als selbständigen Ackerwirt ernähren,
b) in den Provinzialsteuerschlägen als bäuerliche Besitzungen katastriert sind,

c) in den betr. Normaljahren der Provinzen mit besonderen bäuerlichen Wirten besetzt waren,
d) am 14. September 1811 mit der Verpflichtung belastet waren, daß der Gutsbesitzer einen besonderen Wirt halten mußte.

Gesetz, betr. die Ablösung der Reallasten und die Regulierung der gutsherrlichen und bäuerlichen Verhältnisse, vom 2. März 1850 beseitigte die bisherigen Gesetze und Verordnungen, brachte dafür eine allgemeine Regelung; vgl. w. u. Seite 19.

§ 6. Auseinandersetzungsbehörden.

I. **Gesetzgebung.**

Verordnung wegen **Organisation** der Generalkommissionen und der Revisionskollegien zur Regulierung der gutsherrlichen und bäuerlichen Verhältnisse, ingleichen wegen des Geschäftsbetriebes bei diesen Behörden, vom 20. Juni 1817.

Als Anhang hierzu: Verordnung vom 30. Juni 1834.

Verordnung, betr. den Geschäftsgang und Instanzenzug bei den Auseinandersetzungsbehörden, vom 22. November 1844.

II. **Geltungsgebiet**: ursprünglich nur das landrechtliche Preußen, dann nach und nach die übrigen Gebiete; jedoch folgende **Ausnahmen**:

a) **Landesteile des linken Rheinufers**: nach dem Gesetze vom 19. Mai 1851 findet für Teilungen und Ablösungen ein Verfahren vor der Regierung statt, gegen deren Bescheid ein Rekurs an das Landgericht gegeben ist.
b) **Nassau** (Regierungsbezirk Wiesbaden außer Biedenkopf): nach dem Gesetze vom 21. März 1887 findet für die Güterkonsolidation ein besonderes Verfahren statt.
c) **Hannover**: besondere Regelung durch Gesetz vom 17. Januar 1883.
d) Preußische Behörden durch Staatsverträge auch zur Regelung der bäuerlichen Verhältnisse gewisser kleinerer Einzelstaaten.

III. **Organisation der Behörden.**

A. **Generalkommissionen.**

Sitze in Königsberg, Bromberg, Frankfurt a. O., Breslau, Merseburg, Münster, Hannover, Kassel, Düsseldorf.

a) Generalkommission besteht aus mindestens fünf Mitgliedern einschließlich des Dirigenten. Drei dieser Mitglieder müssen zum Richteramte befähigt sein.

b) **Geschäftskreis** der Generalkommission:
1. die Auseinandersetzung der Gutsherren mit ihren Bauern wegen der gutsherrlichen und bäuerlichen Verhältnisse,
2. die bei dieser Gelegenheit in Antrag gebrachten Gemeinheitsteilungen und Grenzregulierungen,
3. die Regulierung aller anderweitigen Rechtsverhältnisse, die bei vorschriftsmäßiger Ausführung der Auseinandersetzungen in ihrer bisherigen Lage nicht verbleiben können.

c) Bei diesen Angelegenheiten haben die Generalkommissionen die allgemeine Leitung und Belehrung der mit den Auseinandersetzungen beauftragten Kommissarien, sowie:
1. die Entscheidung der vorkommenden Streitigkeiten und überhaupt aller obrigkeitlichen Festsetzungen, soweit sie nach den weiteren Vorschriften den Spezialkommissarien nicht überlassen sind,
2. die Bestätigung der Auseinandersetzungsrezesse,
3. die Veranlassung von Exekutionen.

d) Die Generalkommissionen sind verpflichtet, für die gesetzmäßige und unparteiische Regulierung und Ausführung dieser Angelegenheiten unter den dabei zuzuziehenden Interessenten Sorge zu tragen, sowie:
1. das Interesse der entfernten Teilnehmer, die nach den Gesetzen bei der Regulierung nicht zugezogen werden, z. B. der eingetragenen Gläubiger, der Lehn- und Fideikommißfolger und Anwärter, von Amtswegen wahrzunehmen,
2. das Interesse des Staates hinsichtlich der landespolizeilichen Gegenstände der Auseinandersetzungen, der Oberaufsicht über das Vermögen der Korporationen, sowie der Verteilung der öffentlichen und Realabgaben an den Staat, an Kirchen und Pfarren wahrzunehmen.

B. **Spezialkommissionen** sind bestimmt, die zum Ressort der Generalkommissionen gehörigen Auseinandersetzungen an Ort und Stelle zu bewirken.

a) Ihre **Pflichten** sind:
1. Aufklärung des Sach- und Rechtsverhältnisses, soweit es auf die Auseinandersetzungen Einfluß hat,
2. Erörterung der vorkommenden Streitpunkte und Vorbereitung der Entscheidung,
3. nach Möglichkeit gütliche Beilegung der ganzen Sache, und zwar durch angemessene Vorschläge und durch Unterstützung eines jeden rechtlichen und billigen Abkommens,

4. Ausführung der von der Generalkommission genehmigten Auseinandersetzungen.

b) Verhandlungen vor den Spezialkommissionen haben die Wirkung **öffentlicher Urkunden**; Verhandlungen über Streitigkeiten wirken gleich gerichtlichen Protokollen.

C) Für **Domänen**, milde Stiftungen, Kommunen: Auseinandersetzungen durch Räte, Syndizi, landschaftliche Räte rc.

D) Als **Kreisvermittelungsbehörden** zur Beförderung gütlicher Vereinigungen werden in jedem Kreise zwei bis sechs zuverlässige und sachkundige Kreiseingesessene vom Kreistage gewählt und von der Generalkommission bestätigt.

IV. Durch Verordnung vom 22. November 1844 wurde für die ganze Monarchie ein **Revisionskollegium für Landeskultursachen** eingesetzt, das als zweite Instanz über die Generalkommissionen und über die Spruchkollegien für die landwirtschaftlichen Angelegenheiten gestellt war.

Besetzung: ein Präsident und mindestens acht Mitglieder; sämtlich mit der landwirtschaftlichen Gewerbslehre vertraut, die Mehrheit mit Befähigung zum Richteramte.

Durch Gesetz vom 18. Februar 1880 erhält diese Behörde die Bezeichnung: **Oberlandeskulturgericht**.

V. **Dritte Instanz**: Geheimes Obertribunal; an dessen Stelle: das Reichsgericht.

§ 7. Auseinandersetzungsverfahren.

I. **Gesetz, betr. das Verfahren in Auseinandersetzungsangelegenheiten,** vom 18. Februar 1880, abgeändert durch Artikel 4 des Ausführungsges. (z. Reichsges. vom 17. Mai 1898 betr. Änderungen der Zivilprozeßordnung) vom 22. September 1899; in neuer Fassung publiziert am 10. Oktober 1899.

II. **Verfahren** richtet sich im allgemeinen nach den Vorschriften der Zivilprozeßordnung, soweit nicht besondere Vorschriften vorhanden sind, oder soweit nicht die Anwendung der Zivilprozeßordnung ausgeschlossen ist.

a) Urkunden- und Wechselprozeß, Mahnverfahren, schiedsrichterliches Verfahren nach der Zivilprozeßordnung finden nicht statt.

b) Güterkonsolidationen im Regierungsbezirke Wiesbaden (vgl. w. o. S. 12) unterliegen nicht dem zu I angegebenen Gesetze.

III. **Besonderheiten** des Auseinandersetzungsverfahrens.

1. Gerichte.

a) **Generalkommissionen** sind Prozeßgerichte erster Instanz.

b) **Oberlandeskulturgericht** ist für Berufung und Beschwerde gegen Entscheidungen der Generalkommissionen zuständig. Besetzung: mindestens fünf Richter einschließlich des Vorsitzenden.

c) Ressortminister entscheidet über gewisse Beschwerden: er kann die Entscheidung in einzelnen Fällen dem Oberlandeskulturgerichte übertragen.

d) **Instruktion** erster und zweiter Instanz findet im allgemeinen vor dem Kommissar statt; jedoch jederzeit Einwirkung der Generalkommission möglich.

e) Bei positivem Kompetenzkonflikte mehrerer Generalkommissionen oder bei Ungewißheit (wegen der Grenzen) bestimmt der Ressortminister die zuständige Behörde.

2. Parteien.

a) Die Parteien sind gehalten, in den bestimmten Terminen in der Regel persönlich zu erscheinen.

b) Bestellung von **Bevollmächtigten**:

α) auf Erfordern der Kommission, und zwar notwendig:

aa) von interessierten Korporationen,

bb) zur Wahrnehmung des gemeinschaftlichen Interesses aller Mitglieder von Gemeinden und Korporationen oder einzelner Klassen, wenn die Zahl der Mitglieder auf mehr als fünf sich beläuft,

cc) bei Gegenständen, die eine Interessentenmehrheit von mehr als fünf Personen angehen;

β) auf Wunsch der Partei, wenn sie über unbesiegliche Abhaltungen sich ausweist;

γ) in zweiter Instanz können die Parteien durch Anwälte sich vertreten lassen.

c) Qualifikation der Bevollmächtigten:

α) für eine öffentliche Behörde dürfen ihre Mitglieder oder andere öffentliche Beamte auftreten;

β) Anwälte nur in zweiter Instanz;

γ) sonst nur praktische Landwirte.

d) Zahl der Bevollmächtigten:

α) für den einzelnen Interessenten nur ein Bevollmächtigter;

β) für Korporationen und mehr als fünf Interessenten: bis drei Bevollmächtigte, und zwar „samt und sonders", so daß einer von ihnen beim Fehlen der anderen sie bindet; bei Uneinigkeit der erschienenen drei tritt Kontumazialverfahren ein.

e) Armenrecht wird nicht vom Kommissar, sondern vom Instanzgerichte erteilt.

3. Mündliche Verhandlung vor dem erkennenden Gerichte erster und zweiter Instanz findet **nicht** statt; vielmehr statt dessen:

a) **Instruktion** des Rechtsstreites durch den Kommissar,

b) Entscheidung ohne vorgängige Instruktion in denjenigen Fällen, in denen nach der Zivilprozeßordnung eine mündliche Verhandlung nicht erforderlich ist.

4. **Zustellungen** erfolgen von Amtswegen in der Zwangsvollstreckungsinstanz insoweit, als für dieselbe die Generalkommission oder der Kommissar zuständig ist.

a) Zustellungsbeamte: statt der Gerichtsdiener auch vereidete Boten und andere Beamte;

b) Zustellung durch Umlauf: ist an mehrere Personen in einem Gemeindebezirke zuzustellen, so ist ihnen das Schriftstück zur Kenntnisnahme vorzulegen oder vorzulesen und eine beglaubigte Abschrift bei einer im Schriftstücke zu bezeichnenden Person (z. B. Gemeindevorsteher) niederzulegen.

5. **Verfahren im allgemeinen.**

a) Der Prozeßbetrieb einschließlich der Beweisaufnahme und der Sicherung des Beweises liegt den zuständigen Behörden und Beamten von Amtswegen ob. Anträge und Vereinbarungen der Parteien haben eine Abweichung von dem vorgeschriebenen Verfahren nicht notwendig zur Folge. Die Generalkommission kann aus in der Sache liegenden Gründen das Verfahren während einer von ihr zu bestimmenden Frist ruhen lassen.

b) Die Erhebung einer **besonderen Klage** erfolgt durch Einreichung an den Kommissar oder durch Erklärung zum kommissarischen Protokolle. Die Wirkungen der Klageerhebung treten mit der Zustellung der Klage ein.

c) Die **Rechtshängigkeit** eines nicht durch besondere Klage erhobenen Anspruches tritt mit dem Zeitpunkte ein, in dem der Anspruch in der Instruktionsverhandlung geltend gemacht wird.

d) In der ersten Instanz ist eine Änderung der Klage unbeschränkt zulässig.

e) Die Zurücknahme einer Klage ist nur dann statthaft, wenn die Feststellung des streitigen Rechtsverhältnisses entweder gleichzeitig anderweit erfolgt oder zu vorschriftsmäßigen Ausführung der Auseinandersetzung nicht erforderlich ist.

6. **Beweisaufnahme.**

a) Die Beweisaufnahme erfolgt durch den die Instruktion führenden Kommissar.

b) Der Beweisaufnahme kann ein Beweisbeschluß der erkennenden Behörde vorhergehen. Ist ein besonderer Sach- und Streitstand angefertigt, auf Grund dessen ein Beweisbeschluß ergehen soll, so soll er den Parteien zur Erklärung vorgelegt werden.

c) Ein Beweisbeschluß, durch den eine Eidesleistung angeordnet wird, ist von der erkennenden Behörde zu erlassen.

d) Die Beweisverhandlungen werden den Parteien zur Äußerung über das Ergebnis der Beweisaufnahme vorgelegt.

7. **Urteil.**

a) Zur Abfassung des Urteiles werden die Akten der Generalkommission eingereicht. Der Vorsitzende erster Instanz ernennt einen (oder zwei) Berichterstatter.

b) Urteile werden von Amtswegen in Ausfertigung zugestellt; die Prozeßbevollmächtigten erhalten Abschriften des Urteils.

8. **Versäumnisurteil.**

a) Wenn der **Kläger** im Instruktionstermine eines Rechtsstreites nicht erscheint und die Instruktion weder nach den Erklärungen des Beklagten noch von Amtswegen fortgesetzt werden kann, so ist durch Versäumnisurteil der Kläger mit der Klage abzuweisen.

b) Gegen den nicht erschienenen **Beklagten** ist Versäumnisurteil gemäß §§ 331, 335 der Zivilprozeßordnung möglich.

c) Gegen diejenige Partei, die in einem Instruktionstermine erschienen ist, kann ein Versäumnisurteil (wie nach a und b) nicht mehr ergehen.

d) Eines Antrages auf Erlassung des Versäumnisurteiles bedarf es nicht.

e) **Einspruch** wird durch Schriftsatz oder protokollarische Erklärung bei der Generalkommission eingelegt. Ist der Einspruch an sich nicht statthaft oder nicht frist- und formgerecht, so wird er durch Beschluß als unzulässig verworfen; hiergegen: sofortige Beschwerde.

f) **Besonderes Kontumazialverfahren** im Laufe der Regulierung außerhalb der Instruktion eines Rechtsstreites gemäß §§ 145 bis 149, 151 bis 153 der Verordnung vom 20. Juni 1817.

9. **Berufung.**

a) Einlegung erfolgt durch Schriftsatz oder protokollarische Erklärung bei der Generalkommission, und zwar unter Bezeichnung des angefochtenen Urteiles und unter Erklärung der Unzufriedenheit. Eine Rechtfertigung ist nicht vorgeschrieben.

b) Zurücknahme ist nach Beginn der Beantwortung im Instruktionstermine nicht mehr zulässig, wenn der Berufungsbeklagte widerspricht.

c) Bei Unstatthaftigkeit oder nicht rechter Form und Frist wird die Berufung ohne vorgängige Instruktion als unzulässig durch Beschluß zurückgewiesen; hiergegen: sofortige Beschwerde.

d) Im Falle der Zulässigkeit ordnet die Generalkommission die Instruktion der Berufung an. Das Berufungsgericht kann auf Grund der Vereinbarung der Parteien auch über solche Streitpunkte entscheiden, über die in erster Instanz nicht erkannt ist.

e) Der Kommissar teilt den Parteien den erfolgten Schluß der Instruktion mit. Binnen einem Monate können die Parteien eine schriftliche Rechtsausführung an den Kommissar einreichen.

f) Ein Versäumnisurteil ist in der Berufungsinstanz nicht zu erlassen.

10. **Revision** findet gegen die in der Berufungsinstanz erlassenen Endurteile statt.

a) Allgemeine Voraussetzungen wie nach Zivilprozeß, jedoch auch bei nichtrevisiblen Normen zugelassen.

b) Revision ist nur in Beziehung auf Streitigkeiten über solche Rechtsverhältnisse zulässig, die außerhalb eines Auseinandersetzungsverfahrens Gegenstand eines Rechtsstreites hätten werden können und dann zum ordentlichen Rechtswege gehört hätten.

c) Revision wird durch Einreichung eines Schriftsatzes bei der Generalkommission eingelegt. Der Schriftsatz muß Bezeichnung des Urteils und Erklärung, daß dagegen Revision eingelegt werde, enthalten.

d) Bei Unstatthaftigkeit oder nicht rechter Frist und Form weist die Generalkommission durch Beschluß die Revision ohne vorgängige Instruktion als unzulässig zurück.

e) Versäumnisurteil kann auch ohne Antrag erlassen werden.

11. **Beschwerde.**

a) Gegen Entscheidungen des Oberlandeskulturgerichtes ist Beschwerde nur in Beziehung auf solche Streitsachen zugelassen, bezüglich deren Revision zulässig ist. Bei Kosten muß die Beschwerdesumme hundert Mark übersteigen.

b) Sofortige Beschwerde gegen Interimistikum des Kommissars oder der Generalkommission.

c) Einlegung der Beschwerde kann in allen Fällen durch Erklärung zum Protokolle bei der Generalkommission erfolgen. Notfrist zur Einlegung der sofortigen Beschwerde beginnt mit Zustellung der Entscheidung oder mit deren Eröffnung zum kommissarischen Protokolle.

12. **Nichtigkeits- und Restitutionsklage** werden durch Schriftsatz oder zu Protokoll der Generalkommission erhoben.

13. **Rechtskraftatteste** und vollstreckbare Ausfertigungen werden von der Generalkommission erteilt; die Vollstreckungsklausel vollzieht der Vorsitzende.

14. **Beitreibung** einer Geldforderung, deren Einziehung zur Ausführung der Auseinandersetzung erforderlich ist, erfolgt im Verwaltungszwangsverfahren durch die Generalkommission. Zwangsvollstreckung zwecks Herausgabe von Sachen erfolgt auf Grund eines Vollstreckungsauftrages und unter Leitung der Generalkommission.

15. Als Vollstreckungsgerichte sind die in der Zivilprozeßordnung bezeichneten Gerichte zuständig.

§ 8. Ablösung.

I. Gesetzgebung.

a) für das **rechtsrheinische Preußen**: Gesetz, betr. die Ablösung der Reallasten und die Regulierung der gutsherrlichen und bäuerlichen Verhältnisse, vom 2. März 1850;

b) für **Hannover**: hannoversche Verordnung über die bei Ablösung der Grund- und gutsherrlichen Lasten und Regulierung der bäuerlichen Verhältnisse zu befolgenden Grundsätze vom 10. November 1831; hannoversche Ablösungsordnung vom 23. Juli 1833; preuß. Verordnung vom 28. September 1867; Gesetz vom 3. April 1869; Gesetz vom 15. Februar 1874; Gesetz vom 2. Juli 1876;

c) für **Hohenzollern**: Gesetz vom 28. Mai 1860;

d) für **Regierungsbezirk Wiesbaden** und vormals hessische Teile des Regierungsbezirkes Kassel: Gesetz vom 5. April 1869; Gesetz vom 15. Februar 1872; Gesetz vom 16. Juni 1876; Gesetz vom 15. Juli 1890;

e) für **Schleswig-Holstein**: Gesetz vom 3. Januar 1873;

f) für **Regierungsbezirk Kassel** (mit Ausnahme von d): Gesetz vom 23. Juli 1876; Gesetz vom 2. Februar 1879;

g) für **Herzogtum Lauenburg**: Gesetz vom 1. Februar 1879.

II. Ablösbarkeit:

a) **ablösbar** sind alle beständigen Abgaben und Leistungen, die auf eigentümlich oder bisher erbpachtweise oder erbzinsweise besessenen Grundstücken oder Gerechtigkeiten (Reallasten) ruhen; ferner sind ablösbar: Abgaben und Leistungen, die den Gemeinden, den Deich- und ähnlichen Sozietäten aus allgemeinen Rechtsverhältnissen, z. B. dem gutsherrlichen Verhältnisse oder dem Zehntrechte, zustehen;

b) **nicht ablösbar** sind die öffentlichen Lasten mit Einschluß der Gemeindelasten, Gemeindeabgaben und Gemeindedienste, sowie der auf eine Deich- oder ähnliche Sozietät sich beziehenden Lasten, ferner Abgaben und Leistungen zur Erbauung oder Unterhaltung der Kirchen-, Pfarr- und Schulgebäude, wenn letztere nicht die Gegenleistung einer ablösbaren Reallast sind, (in diesem Falle: zugleich mit dieser ablösbar).

III. **Arten der ablösbaren Reallasten**:

a) **Dienste,** z. B. Hand- und Spanndienste, Baudienste, walzende Dienste (bei denen die Art der Ableistung oder der Umfang der Dienste oder beides zugleich nach der jedesmaligen Wirtschaftseinrichtung des Verpflichteten sich bestimmt);

b) **feste Abgaben in Körnern,** nämlich diejenigen jährlich oder in anderen bestimmten Perioden wiederkehrenden Abgaben, die in bestimmter Menge in Körnern von Halm- und anderen Feldfrüchten, die einen allgemeinen Marktpreis haben, entrichtet werden;

c) **feste,** nicht in Körnern bestehende **Naturalabgaben:**

d) **Naturalfruchtzehnt**, einschließlich des Neubruchzehnten oder Rottzehnten;

e) **Besitzveränderungsabgaben,** z. B. Laudemium, Lehnware, Antrittsgeld, Gewinngeld;

f) **feste Geldabgaben;**

g) **andere Abgaben** und Leistungen, z. B. Verpflichtung zur Haltung von Samenvieh und zur Ausfütterung von Vieh, ferner gewerbliche und handwerksmäßige Abgaben und Leistungen

IV. **Ablösung insbesondere.**

a) **Allgemeine Vorschrift:** die Reallast wird nach Normalpreisen oder auf Grund des Gutachtens Sachverständiger ihrem jährlichen Geldwerte nach festgestellt; ebenso wird die Gegenleistung berechnet. Die Differenz (nach Abzug der Gegenleistung von dem Werte der Reallast) ist die Grundlage für die Ermittelung der Ablösungssumme. Wenigstens ein Drittel des Reinertrages muß frei bleiben.

b) **Gutsherrlich-bäuerliche Regulierung** bei solchen Stellen, die zwar dauernd zur Nutzung ausgeliehen, gleichwohl aber im Eigentume des Gutsherrn verblieben sind. Der für den Bauer berechnete Wert wird von dem für den Gutsherrn berechneten subtrahiert; die Differenz wird sodann abgelöst.

V. **Ablösungsverfahren.**

a) Der Verpflichtete kann die Reallast durch **Kapitalzahlung** ablösen, indem er den achtzehnfachen Betrag des nach IV festgestellten Jahreswertes an den Berechtigten zahlt.

b) Der Verpflichtete kann — statt der Kapitalzahlung — die Reallast ablösen, indem er an den Staat (nämlich an die Rentenbank) den Jahreswert als **Rente** zahlt, und indem sodann der Staat den Berechtigten abfindet.

c) Der Berechtigte kann — an Stelle der unter a angeführten Kapitalzahlung - verlangen, daß der Staat ihm den zwanzigfachen Betrag der Jahresrente **in Rentenbriefen** zahlt; in diesem Falle leistet der Verpflichtete die Kapitalzahlung an die Staatskasse.

VI. In einzelnen Fällen besondere Vorschriften.

§ 9. Rentenbanken.

I. **Gesetz** über die Errichtung von Rentenbanken vom 2. März 1850.

Errichtung der Rentenbanken ist erfolgt zur Beförderung der Ablösung der Reallasten und zur vollständigen Auflösung des Rechtsverhältnisses zwischen den bisherigen Berechtigten und Verpflichteten.

Sitz der Rentenbanken: Königsberg (Ost- und Westpreußen), Stettin (Pommern und Schleswig-Holstein), Berlin (Brandenburg), Breslau (Schlesien), Posen (Posen), Magdeburg (Sachsen und Hannover), Münster (Westfalen, Rheinprovinz, Hessen-Nassau).

II. **Ausführende Behörden.**

a) **Auseinandersetzungsbehörden** setzen die an die Stelle der Reallasten tretenden Geldrenten fest, verhandeln mit den Parteien wegen Überweisung dieser Geldrenten an die Rentenbanken und entscheiden hierüber und über die Höhe der den Berechtigten von der Rentenbank zu gewährenden Abfindung.

b) **Direktion der Rentenbank** ist die für jede Provinz eingesetzte Verwaltungsbehörde für die wichtigsten, bei den Operationen der Rentenbanken vorkommenden Geschäfte. Die

Direktion besteht aus einem Direktor und dem erforderlichen Hülfs- und Subalternpersonale; sie ist den Regierungen und den Auseinandersetzungsbehörden koordiniert und führt ihre Geschäfte unter Mitwirkung und Kontrolle der Provinzialvertretung.

c) Die **Minister** für Finanzen und für landwirtschaftliche Angelegenheiten führen die Oberaufsicht über die Direktionen der Rentenbanken.

III. **Ablösung durch die Rentenbanken im allgemeinen:**

a) **Voraussetzung der Ablösung:** die Ablösung erfolgt, sobald die Reallasten in feste Geldrenten verwandelt worden sind und zwar dadurch, daß die Bank den Berechtigten gegen Überlassung der Geldrente für das zu deren Ablösung erforderliche Kapital durch Rentenbriefe (zinstragende, allmählich zu amortisierende Schuldverschreibungen) abfindet, alsdann aber die Rente von dem Verpflichteten so lange fortbezieht, als dies zur Zahlung der Zinsen und zur allmählichen Amortisation der Rentenbriefe erforderlich ist. Für die Erfüllung der Verpflichtungen der Rentenbanken garantiert der Staat.

b) **Übernahme der Rente auf die Rentenbank** ist erst dann zulässig, wenn sämtliche auf einem Grundstücke haftende, zur Ablösung durch die Rentenbank geeigneten Reallasten in feste Geldrenten verwandelt sind.

c) Der **Rezeß über die Ablösung** oder Regulierung hat auch die Ergebnisse der Auseinandersetzung zwischen Rentenbank, Berechtigten und Verpflichteten zu enthalten. Die Auseinandersetzungsbehörde hat die Rechte der Rentenbank von Amtswegen wahrzunehmen.

d) Die **Übernahme einer Rente** auf die Rentenbank darf nur am 1. April oder am 1. Oktober geschehen.

IV. **Leistungen des Rentenpflichtigen:**

a) der Verpflichtete hat nur neun Zehntel der ermittelten vollen Geldrente an die Rentenbank zu entrichten; ein Zehntel wird ihm vom Tage des Überganges der Rente an die Rentenbank erlassen. Er kann jedoch erklären, daß er die vollen zehn Zehntel zahlen will.

b) **Tilgung der Rente:**

1. bei Zahlung von neun Zehnteln: durch Zahlung der Rente während $56^1/_{12}$ Jahren oder 673 Monaten,

2. bei Zahlung der vollen Rente: durch Zahlung der Rente wähend $41^{1}/_{12}$ Jahren oder 493 Monaten,

3. durch Kapitalzahlung.

V. **Abfindung des Berechtigten:**

a) der Berechtigte erhält von der Rentenbank den zwanzigfachen Betrag der vollen Rente in Rentenbriefen; in dieser Form nicht auszahlbare Summen werden bar geleistet.

b) **Rentenbriefe** werden von der Direktion in Appoints von 1000, 500, 100, 25 und 10 Talern ausgestellt und mit jährlich 4 vom Hundert in halbjährlichen Terminen (1. April und 1. Oktober) verzinst.

VI. **Sicherstellung und Einziehung der Renten:**

a) Renten genießen bei Konkurrenz mit anderen Belastungen dasselbe Vorzugsrecht wie Staatssteuern; sie sind buchungsfrei.

b) Die durch Renten abgelösten Reallasten werden auf Antrag der Auseinandersetzungsbehörde kostenfrei gelöscht.

c) Die Renten werden monatlich mit den Staatssteuern nachträglich erhoben. Wegen ihrer Erhebung und Beitreibung hat die Direktion der Rentenbank die Befugnisse der Staatssteuerbehörden.

§ 10. Rentengüter.

I. **Gesetz, betr. die Beförderung deutscher Ansiedelungen in den Provinzen Westpreußen und Posen,** vom 26. April 1886; abgeändert durch Gesetz vom 20. April 1898.

Zweck der Ansiedelungsgesetzgebung: der Staatsregierung wird ein Fond von 200 Millionen Mark zur Verfügung gestellt, um zur Stärkung des deutschen Elementes in den Provinzen Westpreußen und Posen gegen polonisierende Bestrebungen durch Ansiedelung deutscher Bauern und Arbeiter:

a) Grundstücke käuflich zu erwerben,

b) soweit erforderlich, die Kosten zu bestreiten, die durch erstmalige Einrichtung neuer Stellen mittleren oder kleinen Umfanges oder durch erstmalige Regelung der Gemeinde-, Kirchen- und Schulverhältnisse der neuen Stellen oder ganzer Landgemeinden entstehen.

In **Ausnahmefällen** ist auch die Bildung größerer Restgüter zulässig.

Arten der Überlassung der Stelle an den Ansiedler:

a) zu **Eigentum,** entweder gegen Kapitalzahlung oder gegen Rentenzahlung,

b) in **Zeitpacht.**

Ansiedelung ist eine Stelle, die dem Ansiedler gegen Übernahme einer festen Rente in Geld oder gegen feste Abgaben in Körnern (die in Geld abzuführen sind) **überlassen wird.**

Die **Rente** ist mit Zustimmung beider Teile ablösbar.

Ablösung: die Feststellung des Ablösungsbetrages und der Kündigungsfrist wird vertraglich festgesetzt. Von dem Rentenberechtigten darf nicht mehr als das Fünfundzwanzigfache der Rente gefordert werden, wenn auf seinen Antrag abgelöst wird.

Bei **Eintragung ins Grundbuch** müssen die Abreden über Ausschluß der Ablösbarkeit, über Feststellung des Ablösungsbetrages und der Kündigungsfrist mit eingetragen werden; sonst gilt Dritten gegenüber die das Grundstück belastende Rente als solche, die vom Verpflichteten nach sechsmonatiger Kündigung mit dem zwanzigfachen Betrage abgelöst werden kann.

Zur Ausführung der Ansiedelungsgesetzgebung ist durch Verordnung vom 21. Juni 1886 eine besondere Behörde, die **Ansiedelungskommission für Westpreußen und Posen**, eingesetzt worden.

Ansiedelungskommission besteht:

1. aus den Oberpräsidenten der Provinzen Westpreußen und Posen,
2. aus je einem Kommissar der Minister für Landwirtschaft, Inneres, Finanzen und Kultus,
3. aus den vom Könige auf je drei Jahre ernannten sonstigen Mitgliedern.

Der **Vorsitzende** wird vom Könige aus der Zahl der Mitglieder ernannt. Er hat die laufende Verwaltung zu führen.

Das Staatsministerium hat die Aufsicht über die Geschäftsführung der Kommission.

II. Durch **Gesetz über Rentengüter** vom 27. Juni 1890 ist die Einrichtung von Rentengütern nach Art der unter I genannten Ansiedelungen für die ganze Monarchie und auch für Private zugelassen.

Rentengut ist ein Grundstück, das zu Eigentum übertragen wird gegen Übernahme einer festen Geldrente, deren Ablösbarkeit von der Zustimmung beider Teile abhängig gemacht wird.

Begründung des Rentengutes erfolgt frei von Hypotheken- und Grundschulden des Grundstückes, von dem es abgetrennt wird.

III. Durch **Gesetz, betr. die Beförderung der Errichtung von Rentengütern**, vom 7. Juli 1891, ist die Verwendung von Staatskredit zur Förderung von Rentengütern und die Vermittelung von Rentengutsgründungen durch staatliche Behörden zugelassen.

a) Die Rente kann — im Falle der vertraglichen Zulässigkeit eines solchen Antrages — auf Antrag **abgelöst** werden, indem der Rentengutsbesitzer eine Rente an die Rentenbank zahlt, dagegen der Rentenberechtigte den 27 fachen Betrag der Rente in $3^1/_2$ prozentigen oder den $23^2/_3$ fachen Betrag der Rente in 4 prozentigen Rentenbriefen erhält.

b) **Darlehne durch die Rentenbank**: zur erstmaligen Einrichtung eines Rentengutes durch Aufführung der notwendigen Wohn- und Wirtschaftsgebäude kann die Rentenbank den Rentengutsbesitzern Darlehne in $3^1/_2$ prozentigen oder 4 prozentigen Rentenbriefen gewähren, die durch Zahlung einer Rentenbankrente verzinst und getilgt werden. Solange eine Rentenbankrente auf dem Rentengute haftet, kann die Aufhebung der wirtschaftlichen Selbständigkeit und die Zerteilung des Rentengutes sowie die Veräußerung von Teilen rechtswirksam **nur** mit Genehmigung der Generalkommission erfolgen.

c) Die **Begründung eines Rentengutes** kann auf Antrag eines Beteiligten durch Vermittelung der Generalkommission erfolgen. Erachtet die Generalkommission mangels rechtlicher oder tatsächlicher Bedenken den Antrag für zulässig, so hat sie den Vertrag über die Begründung des Rentengutes aufnehmen zu lassen und zu bestätigen. Den bestätigten Vertrag reicht sie dem Grundbuchrichter mit dem Ersuchen auf Umschreibung des Eigentumes ein. In diesem Falle wird das Eigentum an dem Rentengute durch die auf Grund des bestätigten Vertrages erfolgte Eintragung des Eigentumsüberganges im Grundbuche erworben.

2. Kapitel.

Einzelne landwirtschaftliche Rechtsinstitute.

§ 11. Die Freiheit des Grundeigens.

Über Ablösung vgl. w. o. Seite 19.

Durch Gesetz, betr. die **Aufhebung des Jagdrechtes** auf fremdem Grund und Boden und die Ausübung der Jagd, vom 31. Oktober 1848 ist jedes Jagdrecht auf fremdem Grund und Boden ohne Entschädigung aufgehoben. Die bisherigen Abgaben und Gegenleistungen des Berechtigten fallen weg. Eine Trennung des Jagdrechtes vom Grund und Boden kann als dingliches Recht künftig nicht stattfinden.

Bei erblicher Überlassung eines Grundstückes ist seit dem Gesetze vom 2. März 1850 nur die Übertragung des **vollen Eigentumes** zulässig. Mit Ausnahme fester Geldrenten dürfen Lasten, die nach dem Gesetze vom 2. März 1850 ablösbar sind, einem Grundstücke nicht auferlegt werden.

Über Renten bei Rentengütern siehe w. o. Seite 21.

§ 12. Die Teilbarkeit der Grundstücke.

Grundstücke sind im allgemeinen teilbar ohne Einschränkung.

Über Ausnahmen zugunsten der Erhaltung von Bauerngütern (Höferecht, Anerbenrecht) vgl. w. u. Seite 30.

I. Unschädlichkeitszeugnis.

Gesetz, betr. den erleichterten Abverkauf kleiner Grundstücke, vom 3. März 1850; Gesetz vom 27. Juni 1860; preuß. Ausführungsgesetz z. bürg. Ges., Artikel 19.

Jeder Grundeigentümer, Lehns- und Fideikommißbesitzer ist befugt, **einzelne Gutsparzellen** gegen Auferlegung fester, ablösbarer Geldabgaben oder gegen Feststellung eines Kaufgeldes auch ohne Einwilligung der Realinteressenten zu veräußern, sofern bei landschaftlich beliehenen Gütern die Kreditdirektion, bei anderen die Auseinandersetzungsbehörde bescheinigt, daß die Abveräußerung den Realinteressenten **unschädlich** sei.

Erteilung des Unschädlichkeitszeugnisses nur zulässig, wenn das Trennstück im Verhältnisse zum Hauptgute von geringem Werte und Umfang ist, und wenn die auferlegte Geldabgabe oder das verabredete Kaufgeld den Ertrag oder den Wert des Trennstückes erreicht.

Bei der Entscheidung, ob der Grundstücksteil im Verhältnisse zum Hauptgrundstücke von geringem Werte und Umfang ist, wird die **Gesamtheit** der belasteten Grundstücke (denen das Trennstück zugehört) als Hauptgrundstück behandelt.

Das Unschädlichkeitszeugnis kann auf einzelne Belastungen beschränkt werden.

Wirkung der Abtrennung: das veräußerte Trennstück scheidet aus dem Realverbande des Hauptgutes aus, und die Geldabgabe sowie das Kaufgeld treten an seiner Stelle in die Realverbindlichkeiten des Trennstückes ein.

II. Für die **Verteilung der öffentlichen Lasten** bei Grundstücksteilungen gilt das Gesetz vom 25. August 1876.

§ 13. Gemeinheitsteilung.

I. **Begriff**.

Gemeinheit ist die Nutzung landwirtschaftlicher Grundstücke durch mehrere Berechtigte gemeinschaftlich, und zwar auf Grund der alten Markgenossenschaft (Gesamteigen) oder von wechselseitigen Dienstbarkeiten.

Gemeinheitsteilung ist die Aufteilung der Gemeinheit, gewöhnlich unter Zusammenlegung zersplitterter Stücke oder im Gemenge liegender Teile, sog. Separation; [Verkoppelung (Hannover), Konsolidation (Nassau), Feldbereinigung (Süddeutschland)].

II. **Gemeinheitsteilungsordnung** vom 7. Juni 1821; ergänzt und abgeändert durch Gesetz vom 2. März 1850; beide für das landrechtliche Preußen.

Entsprechende Bestimmungen gelten für die später hinzugekommenen Landesteile.

III. **Gegenstand der Gemeinheitsteilung** sind:

a) **Weideberechtigungen** auf Äckern, Wiesen, Angern, Forsten, und sonstigen Weideplätzen,

b) **Forstberechtigungen** zur Mast, zum Mitgenusse des Holzes und zum Streueholen,

c) **Berechtigungen** zum Plaggen-, Heide- und Bültenhieb,

d) die auf einer Dienstbarkeit beruhenden **Berechtigungen** folgender Art:

1. zur Gräserei und zur Nutzung von Schilf, Binsen oder Rohr auf Ländereien und Privatgewässern aller Art,
2. zum Pflücken des Grases und des Unkrautes in den bestellten Feldern (zum Krauten),

3. zum Nachrechen auf abgeernteten Feldern, sowie zum Stoppelharken,
4. zur Nutzung fremder Äcker gegen Hergebung des Düngers,
5. zum Fruchtgewinn von einzelnen Stücken fremder Äcker (zu Deputatbeeten),
6. zum Harzscharren,
7. zur Fischerei in stehenden oder fließenden Privatgewässern,
8. zur Torfnutzung;

e) in gemeinschaftlichem Eigentume befindliche **Torfmoore.**

IV. **Verfahren.**

Provokationsberechtigt ist jeder der Teilnehmer; mehrere Antragende, die unter sich in Gemeinheit verbleiben **wollen**, können eine Auseinandersetzung mit den übrigen Teilnehmern verlangen. Der Antrag auf Gemeinheitsaufhebung kann nicht nur wegen aller, sondern auch wegen einzelner, gemeinschaftlich benutzter Grundstücke gemacht werden.

Begründung des Antrages: eine Gemeinheitsteilung findet nur statt, wenn dadurch die Landkultur im ganzen befördert und verbessert wird.

Durch die **Verordnung** über die Beschränkung des Provokationsrechtes auf Gemeinheitsteilungen vom 28. Juli 1838 wird bestimmt: kann eine Gemeinheitsteilung **nur durch Umtausch** der zur Ortsfeldmark gehörigen Ackerländereien ausgeführt werden, so findet sie nur statt, wenn die Besitzer des vierten Teiles der Ackerländereien, die durch den Umtausch betroffen werden, mit der nachgesuchten Separation einverstanden sind. (Jedoch auch Ausnahmen hiervon.)

Teilnehmungsrechte werden zunächst ermittelt; auf Grund dieser Ermittelung erfolgt Feststellung der Abfindung.

Teilungsgrundsatz: die Aufhebung der Gemeinheit wird dadurch bewirkt, daß den sich auseinandersetzenden Teilnehmern an Stelle ihrer Berechtigungen eine angemessene Entschädigung zur ausschließlichen und freien Verfügung überwiesen wird.

Entschädigung besteht in Land, Kapital, Rente oder Naturalleistung.

Wirkung der Auseinandersetzung: die auseinandergesetzten Teilnehmer erhalten die ihnen angewiesene Entschädigung zur ausschließlichen Benutzung und freien Verfügung, insofern ihr Besitzrecht und ihre Schuldenverbindung keine Einschränkung begründen.

Bei **Forstteilungen** ist Naturalteilung (ganz oder teilweise) nur dann zulässig, wenn die einzelnen Anteile zur forstmäßigen Benutzung geeignet bleiben oder vorteilhaft als Äcker oder Wiese benutzt werden können.

V. **Wirtschaftliche Zusammenlegung** der in vermengter Lage befindlichen Grundstücke verschiedener Eigentümer einer Feldmark ist nach dem Gesetze vom 2. April 1872 außerhalb der Gemeinheitsteilung zugelassen, wenn:

a) die Eigentümer von Grundstücken, die zusammen mehr als die halbe Fläche des Ganzen enthalten und mehr als die Hälfte des Grundsteuerreinertrages repräsentieren, es **beantragen**, und

b) der Kreistag, nach einem Gutachten der Kreisvermittelungsbehörde, mit Rücksicht auf die zu erwartende erhebliche Verbesserung des Landeskultur es für **zulässig** erklärt.

VI. **Errichtung neuer Gemeinheiten** erfordert schriftlichen Vertrag und ist nur zulässig:

a) auf so lange Zeit, als nach der bestehenden Fruchtfolge und Schlageinteilung der gemeinschaftlich benutzten Grundstücke zur zweimaligen Abnutzung aller Schläge erforderlich ist; oder in anderen Fällen:

b) auf zehn Jahre.

§ 14. Gutsabtretung.

I. Bei der Gutsabtretung wurde häufig mit dem dinglichen Rechtsgeschäfte ein **obligatorischer Vertrag** verbunden, der dem Abtretenden den Lebensunterhalt, gewöhnlich bis zum Tode sichert; insbesondere ausgebildet bei der successio anticipata, Überlassung des Gutes an den Anerben.

Durch Art. 15 des preuß. Ausführungsges. vom 20. September 1899 ist der obligatorische Vertrag (**Leibgedinge**, Leibzucht, Altenteil, Auszug, Ausgedinge) dispositiv geregelt, und zwar auch für den Fall, daß nicht gerade ein Landgut, sondern überhaupt ein **Grundstück** abgetreten wird.

II. **Eintragungspflicht des Erwerbers**:

a) Besteht das Leibgedinge in wiederkehrenden Leistungen, so hat der Erwerber eine **Reallast** dieses Inhaltes zu bestellen;

b) Besteht das Leibgedinge in einem Wohnrechte, so ist eine entsprechende **persönliche Dienstbarkeit** zu bestellen.

III. **Leistungspflicht des Erwerbers**:

a) **Erzeugnisse**, die auf dem überlassenen Grundstücke gewonnen werden, sind in mittlerer Art und Güte zu leisten.

b) **Lasten**, die auf einen dem Berechtigten überlassenen Teil des Grundstückes fallen, trägt der Verpflichtete.

c) Beim **Wohnrechte** hat der Verpflichtete die Wohnung in geeignetem Zustande zu übergeben und zu erhalten. Bei zufälligem Untergange der Wohnung hat er bis zur Wiederherstellung eine angemessene andere Wohnung zu beschaffen. Familie und standesgemäße Bedienung kann der Berechtigte in die abgesonderte Wohnung aufnehmen.

IV. **Rücktritt** des Berechtigten bei Nichterfüllung oder Verzug des Verpflichteten ist **ausgeschlossen.**

V. Bei **Störung der persönlichen Beziehungen** in solcher Weise, daß dem anderen Teile nicht zugemutet werden kann, mit dem Störenden in demselben Wohnverhältnisse zu verbleiben, gilt, daß der Berechtigte in jedem Falle abzufinden ist; jedoch je nach Verschulden verschieden.

VI. Bei einem Leibgedinge **mehrerer Berechtigter** (z. B. Ehegatten) wird durch den Tod eines Berechtigten ein Kopfteil der teilbaren Leistungen frei.

§ 15. Höferecht.

I. **Höfegesetzgebung:**

a) für **Hannover**: Gesetz vom 2. Juni 1874, abgeändert durch Gesetze vom 24. Februar 1880 und vom 20. Februar 1884;

b) für **Herzogtum Lauenburg**: Gesetz vom 21. Februar 1881.

Hof im Sinne dieser Gesetze **ist ein in die Höferolle des zuständigen Amtsgerichtes eingetragener Hof.**

Eintragungsfähiger Hof ist jede landwirtschaftliche, mit einem Wohnhause versehene Besitzung.

Eintragung und Löschung erfolgt auf Antrag des Eigentümers, sofern er über die Besitzung letztwillig verfügen kann.

Die **Höferolle** ist öffentlich und wird vom Amtsgerichte (freiwillige Gerichtsbarkeit) geführt.

Anerbenrecht: wird der Eigentümer eines Hofes testamentslos von mehreren Personen beerbt, so fällt der Hof nebst Zubehör als Teil der Erbschaft, kraft Gesetzes, **einem Erben allein** zu. Das Anerbenrecht gilt nur für einen Nachkommen des Erblassers, der zugleich Erbe des Erblassers ist.

II. **Landgütergesetzgebung:**

a) für **Westfalen** und die Kreise Rees, Essen, Duisburg und Mülheim: Landgüterordnung vom 30. April 1882, (später beseitigt, vgl. w. u. § 16 unter I);

b) für **Brandenburg**: Landgüterordnung vom 10. Juli 1883;

c) für **Schlesien**: Landgüterordnung vom 24. April 1884;

d) für **Schleswig-Holstein** (außer Lauenburg): Landgüterordnung vom 2. April 1886;

e) für **Regierungsbezirk Kassel** (ausschl. des Kreises Rinteln): Landgüterordnung vom 1. Juli 1887.

Landgut im Sinne der Landgüterordnung **ist eine in die Landgüterrolle des zuständigen Amtsgerichtes eingetragene Besitzung, die zum Betriebe der Land- und Forstwirtschaft bestimmt ist.**

Eintragung und Löschung erfolgt durch Antrag des testierfähigen Eigentümers.

Landgüterrolle kann von jedem kostenfrei eingesehen werden, der nach richterlichem Ermessen ein rechtliches Interesse daran hat.

Anerbenrecht: bei testamentslosem Versterben des Eigentümers ist **einer** der mehreren Nachkommen berechtigt, das Landgut bei der Erbteilung **allein** zu übernehmen.

§ 16. Anerbenrecht.

I. **Gesetz**, betr. das **Anerbenrecht** bei Renten- und Ansiedelungsgütern, vom 8. Juni 1896.

Durch Gesetz vom 2. Juli 1898 auf die **westfälischen Landgüter** (d. i. jede ihrem Hauptzwecke nach zum Betriebe der Land- oder Forstwirtschaft bestimmte und zur selbständigen Nahrungsstelle geeignete Besitzung, die mit einem, wenn auch räumlich von ihr getrennten Wohnhause versehen ist) **ausgedehnt**, jedoch erfolgt hier bei einzelnen Eintragung und Löschung auf Antrag des Eigentümers, bei anderen auf Ersuchen des Spezialkommissars.

II. **Anerbengüter** werden infolge **Eintragung der Anerbengutseigenschaft** im Grundbuche folgende Güter:

a) Rentengüter, die durch Vermittelung der Generalkommission begründet sind, vgl. w. o. Seite 25,

b) vom Staate begründete Rentengüter, siehe w. o. Seite 24),

c) Ansiedlerstellen, vgl. w. o. Seite 23.

Eintragung und **Löschung** erfolgt auf Ersuchen der zuständigen Behörde, (Generalkommission, Ansiedelungskommission).

Beschränkungen des Eigentümers:

a) Teilung des Anerbengutes ist nur mit Genehmigung der Generalkommission zulässig;

b) will der Eigentümer durch Rechtsgeschäft unter Lebenden das Gut im ganzen an einen anderen als an einen seiner Nachkommen, Geschwister, deren Nachkommen oder seine Ehefrau veräußern, so ist Genehmigung der Generalkommission erforderlich.

Beerbung des testamentslosen Eigentümers in bezug auf das Anerbengut kraft Gesetzes **durch einen Erben allein.** Dieser **Anerbe** wird bestimmt:

a) im Geltungsgebiete der Höfegesetze und Landgüterordnungen (vgl. w. o. Seite 30): nach diesen Gesetzen; sonst:

b) nach folgenden Grundsätzen: **leibliche** Kinder gehen adoptierten vor, **eheliche** den unehelichen (nur der Mutter; die des Vaters sind nicht Anerben). Legitimatio per subsequens matrimonium steht der Ehelichkeit gleich. Ferner geht vor: der ältere Sohn und dessen männliche Nachkommen; in Ermangelung von Söhnen oder Sohnessöhnen: die ältere Tochter des älteren Sohnes und deren Nachkommen. Sind Nachkommen von Söhnen nicht vorhanden, dann erbt die ältere Tochter des Erblassers und deren Nachkommen.

Kinder, die beim Erbfalle entmündigt oder zu Zuchthaus nebst Ehrverlust verurteilt sind, stehen den übrigen Miterben nach.

Verzicht auf Anerbenrecht kann der Anerbe nur dem Nachlaßgerichte gegenüber erklären; Verzicht ist unwiderruflich.

Der Anerbe erhält das Gut zu einem Anrechnungswerte; ein Drittel ist sein **Voraus,** wegen der beiden anderen Drittel findet er seine Miterben durch Vermittelung der Rentenbank ab.

Voraus muß nachträglich in die Erbschaft eingeworfen und geteilt werden, wenn das Anerbengut innerhalb zwanzig Jahren nach dem Tode des Erblassers an einen Nichtanerbenberechtigten veräußert wird; in diesem Falle der Veräußerung hat jeder noch anerbenberechtigte Miterbe ein **gesetzliches Vorkaufsrecht.**

Druck von A. W. Hayn's Erben, Berlin und Potsdam.

FSC
www.fsc.org
MIX
Papier | Fördert gute Waldnutzung
FSC® C083411

Kolibri 360 GmbH
Ferdinand-Jühlke-Straße 7
99095 Erfurt, Deutschland
produktsicherheit@kolibri360.de